Sie kommen in die Onkologie, in der anderen Abteilung ist kein Platz.

Wie eine Krankheit mein Leben teilte

Reiner Diers

Sie kommen in die Onkologie, in der anderen Abteilung ist kein Platz.

Wie eine Krankheit mein Leben teilte

Reiner Diers

Impressum

Bibliografische Information der Deutschen Nationalbibliothek:
Die Deutsche Nationalbibliothek verzeichnet diese Publikation
in der Deutschen Nationalbibliografie; detaillierte
bibliografische Daten sind im Internet über http://dnb.dnb.de
abrufbar.

Herstellung und Verlag: BoD – Books on Demand,
Norderstedt

ISBN: 978-3-7519-7371-7

Kapitel eins - Termine

Ob wir zu viele Termine haben? Diese Frage stellte mein Arzt, als ich in seinem modernen Behandlungszimmer sitze. Ich werde in diesem Jahr 50 Jahre alt, da ist eine große Untersuchung fällig. Ich bin zwar kerngesund, aber ab 50 soll man sich regelmäßig untersuchen lassen. Es war Anfang 2019, ich hatte ein wenig Tinnitus und etwas Schwindel. Aber es machte mir nicht viel Sorge. Zudem die beiden Symptome auch nach einiger Zeit verschwanden. Auch der Arzt konnte nichts feststellen. Nach Stress fragte er allerdings mehrfach.

Ob wir also zu viele Termine haben? Ja, das kann man wohl sagen. Es fing vor einem Jahr an. Meine Frau Dagmar und ich haben neben meinem Beruf als Elektrotechniker eine kleine Landwirtschaft mit Schweinen und einem pittoresken, reetgedeckten Hof. Dagmar leitet zudem den angeschlossen Hofladen. Bisher kauften wir Bio-Ferkel zu und mästeten sie. Unser Züchter hatte aber aufgegeben, so dass wir auch die Zucht übernehmen mussten. Hauptberuflich bekam ich mehr Verantwortung und leitete fortan eine kleine Abteilung mit verstreuten Standorten in Deutschland und Schweden. Dies erzeugte vermehrt Reiseaufwand. Weiterhin sah ich einmal zufällig einen Bekannten von mir Klavierspielen. Etwas gebrechlich, immer wieder Fehler in der Notation und Fehlgriffe auf dem alten, verstimmten Instrument. Aber es faszinierte mich. Klavierspielen, ein alter Traum von mir. Ich erzählte Dagmar brühwarm von diesem Erlebnis, und da Dagmar seit langem den Traum einer Bassgitarre hatte, kauften wir entsprechende Instrumente. Eine nagelneue Bassgitarre und ein gebrauchtes Keyboard, welches später durch ein besseres Instrument ersetzt werden sollte. Wir fanden sogar einen Musiklehrer, der uns jeden Montag auf den jeweiligen Instrumenten gleichzeitig das Spielen näher brachte. Wenn man sich erstmal mit Musik beschäftigt, dann will man schnell mehr. Und auch wir wollten mehr. Denn wer musiziert, muss ja auch singen können. Und gemeinsam singt es sich besser. Vielleicht lag es auch daran, dass wir im TV gerade eine Sendung zum Thema Rudelsingen gesehen hatten. Dagmar sprach also die Chorleiterin des örtlichen Gesangvereines an und Zack hatten wir zum regelmäßigen Montagstermin auch jeden Mittwoch den Terminkalender gefüllt. Am Dienstag hatte Dagmar Yoga und ich traf mich mit meinem Kumpel zum Carrerafahren. Also die kleinen Modellautos auf den Plastikschienen, nicht die großen Autos. Die restliche Zeit verbrachten wir mit unserer Landwirtschaft. Also, Termine hatten wir wahrlich genug.

Nun gab es noch eine andere Geschichte. Sie startete mit der beiläufigen Bemerkung eines Kollegens, welcher gerne einen Unimog besitzen würde. Eine Mischung aus Oldtimer-LKW und Trecker. Auf dem Weg von der Arbeit nach Hause sah ich zufälligerweise unweit von unserem Haus entfernt, einen alten, hellgrünen Unimog auf einer Weide, mit einem Verkaufsschild an der Seite. Seine ehemals glänzende Farbe war verblichen und Roststellen übersäten seinen Aufbau. "Unimog zu verkaufen" prangte seitlich auf einem laminierten Blatt Papier. Ich fotografierte das Fahrzeug für den Kollegen. Erst jetzt bemerkte ich das andere Schild auf dem stählernen, verzinkten Tor zu der Weide. "Resthof zu verkaufen" war mit weißer Farbe auf ein rustikales Holzschild gemalt. Und ein recht günstiger Preis stand darunter. An dieser Stelle muss erwähnt werden, dass wir durch die eigene Zucht eigentlich mehr Weidefläche benötigten und mehr Platz zum Unterstellen von Gerätschaften. Zwar bewohnen wir selber bereits einen Resthof, den wir vor Jahren restauriert hatten, aber die Möglichkeiten, die wir durch einen weiteren Hof hätten...

So etwas wäre vollkommener Unsinn! Ein zweiter Hof! Allein die Arbeit, die wir dort hineinstecken müssten. Das einfachste wird sein, ich erzähle Dagmar von dieser spleenigen Idee und sie haut sie mir rechts und links um die Ohren. Zurecht! Weg mit diesem Gedankengut. Zu Hause angekommen fand ich Dagmar im Büro. Ich erzählte ihr also in kurzen Worten von dem Gesehenen. Und Dagmar antwortete: "Ui, klingt spannend. Tolle Idee". So war das nicht gedacht. Also erwähnte ich meine Bedenken, die aber nur dazu führten, dass wir uns gegenseitig anlächelten. Uns war beiden klar, das diese Idee nicht gut war. Also schmiedeten wir einen Plan. Abends waren wir bei Freunden eingeladen. Denen würden wir davon erzählen und sie würden uns die Idee rechts und links um die Ohren hauen.

Auch dieser Plan ging daneben. Statt dessen vermittelten unsere Freunde, welche Möglichkeiten dieser Hof doch zusätzlich bot. Und so übertrafen wir uns mit Anekdoten über den Aufbau eines Campingplatzes, Ferienimmobilie, Hotel oder Gastronomie. Es sei angemerkt, dass wir zu diesem Zeitpunkt den Hof nur von weitem gesehen haben. Noch nicht einmal in die Nähe waren wir gekommen. Nun beschloss ich, morgen den Verkäufer anzurufen. Vielleicht erledigt es sich dann automatisch. Und es war damit erledigt. Er war bereits vergeben. Der Notartermin stand kurz bevor.

Wir waren sehr traurig, obwohl wir den Hof noch immer nur von Weitem einsehen konnten. Und beschlossen, sollte er noch mal zum Verkauf stehen, ihn zu kaufen. Schließlich bereut man am Ende seines Lebens nicht, was man gemacht hat, sondern was man nicht gemacht hat.

Einen Monat später kamen unsere Freunde aus Varel zu Besuch. Auch sie suchten ein Haus zum Erwerb und hatten sich gerade eines angeguckt, nur ein paar Häuser weiter. Es dauerte ein paar Worte, bis wir es verstanden hatten: Der Hof war doch nicht verkauft, er stand weiterhin zum Verkauf. Der potentielle Käufer ist kurzfristig abgesprungen. Da der Verkäufer derzeit nicht zugegen war, hatte er unsere Freunde den Hof offen gelassen, damit sie ihn besichtigen konnten. Dagmars Hofladen hatte gerade geöffnet, daher fuhr ich alleine mit unseren Freunden noch einmal hin. Wir gingen hinein und schauten uns alles genau an. Ich machte viele Bilder, um sie später Dagmar zu zeigen. Für die Beiden kam er nicht in Frage, viel zu viel Arbeit. Ich glühte innerlich. "Das hier ist ja total schief", sagten die Beiden ängstlich, "was willst du denn da machen?" "Nun, das ist halt schief", antwortete ich gelassen. "Und dass hier ist doch total kaputt", konterten die Beiden mit dem Finger auf ein weiteres Gewerk zeigend. "Jo, iss kaputt, muss man wieder heile machen", erwiderte ich erneut, als wäre ein komplett neues Dach eine Lappalie. Am Nachmittag schauten Dagmar und ich noch einmal gemeinsam den Hof und die Außenanlagen an. Wir waren nicht mehr zu bremsen und wir erwarben den Hof. Den Unimog handelte ich für mich mit heraus. Sorry, Arbeitskollege. Und fortan war die restliche Zeit mit Arbeit voll.

Kapitel zwei - Erste Wehwehchen

Der Tinnitus und Schwindel gingen. Ich fühlte mich wieder Pudelwohl. Auf dem neuen Hof ging es langsam weiter, andere Sachen blieben dafür liegen. Auch auf der Arbeit ging es weiter. Die Anzahl der Dienstreisen wurde von der Geschäftsführung aus Kostengründen reduziert, was meinem Terminplan entgegenkam. Im Sommer war Berlin dran. Leider bekam ich ein recht unsauberes und sehr kleines Zimmer. Reklamieren konnte ich es nicht, schließlich hatte ich spät gebucht und keine andere Möglichkeit auf ein anderes Zimmer. Ich mochte aus Angst vor Krankheiten kaum meine Klamotten auf einen Sitz legen oder barfuß durch das Hotelzimmer zu gehen. Mein Kollege Filippo war auch nicht besonders begeistert von seinem Zimmer. Egal, ist ja nur für 3 Nächte. Vielleicht war ich sonst auch nur modernere Zimmer gewohnt. Ansonsten war Berlin dieses Mal interessanter als vorher. In der Nähe des Hotel gab es ein "Späti", also ein Kiosk, der bis spät in den Morgen geöffnet hat. Hier konnte man erstmals Berlin hautnah kennen lernen. Am letzten Tag unseres Aufenthaltes brachten wir zwei Kollegen zu Flughafen. Wir machten einen Umweg, um noch ein paar Sehenswürdigkeiten mitzunehmen. So fuhren wir durch die Museumsinsel und sahen den Checkpoint Charlie. Auf dem weiteren Weg zum Flughafen schwärmten die beiden Kollegen von den weiteren Sehenswürdigkeiten der Stadt Berlin. Insgesamt waren es sieben. Und die hatte ich nun bereits alle gesehen. Weitere Sehenswürdigkeiten fielen den Beiden nicht ein. Da Filippo diese neuralgischen Orte ebenfalls bereits gesehen hat, berichteten wir von unseren

Plänen, einem Computermuseum und eine Science-Fiction Ausstellung. Ich glaube, wir gelten jetzt als Nerds. Die Tatsache, dass wir statt dessen zwei Stunden in einem Restseller Laden verbrachten, bestärkt wohl diese Möglichkeit. Ich hingegen bin bis heute der festen Meinung, dass Berlin insgesamt sieben Sehenswürdigkeiten hat. Neben den genannten sind es noch das Regierungsviertel, diese komische Uhr am Funkturm, der Potsdamer Platz und der Kudamm.

In der Zwischenzeit hatten wir auf dem neuen Hof das Dach erneuern lassen und den Fußboden raus gerissen. Die Erneuerung des Daches war tatsächlich nicht aufwändig, dieses hatten wir vor dem Kauf mit einem Dachdecker angesehen. Aber wie bei allen alten Häusern treten bei der Restauration Überraschungen auf. Bei uns war es der eingefallene Fußboden. Hier hatten die Vorbesitzer den Beton ohne Armierung gegossen. Dieser war durch den Mooruntergrund gebrochen. Daher hatte man darauf noch mehr Beton gegossen, ebenfalls wieder ohne Armierung und auch dieser war wieder gebrochen. Pfusch vom Feinsten, wir man so schön sagt . Also musste er komplett erneuert werden. Dann kann dort auch eine Isolierung rein, so what. Um schneller weiterzukommen, hatten wir einen Bekannten fest eingestellt und hoffte, damit etwas Geschwindigkeit in den Baufortschritt zu bringen.

Im Juli war mir aber eine Besonderheit aufgefallen: Beim abendlichen Zähneputzen hatte ich auf einmal einen Würgereiz. Das hatte ich vorher nicht, und fand auch keine Erklärung dafür. Dagmar hörte dies aus dem Badezimmer und sprach mich darauf an. Sorgen bereitete mir das nicht. Auch mein plötzlicher Nachtschweiß irritierte mich nicht, schließlich war 2019 der heißeste Sommer den wir bisher kannten. Es störte mich aber stark, dass ich mir mitten im Sommer plötzlich eine Sommergrippe eingefangen hatte. Sehr ärgerlich, aber nach drei Tagen war es wieder vorbei. Ich hätte eigentlich noch einen Tag Genesung drauflegen müssen, aber auf der Arbeit warteten wichtige Termine und mein Urlaub nahte. Daher wollte ich keine Zeit vertrödeln, sonst bleibt die Arbeit zu lange liegen. Auf dem neuen Hof blieb ebenfalls immer mehr Arbeit unerledigt. Zusätzlich musste ich ein paar Sachen für das große Fricklertreffen vorbereiten. Das ist ein Treffen mit Leuten wie mich, die Basteln, Schrauben und Löten als Hobby haben. Ein großes Treffen bei dem es nur um Technik geht. Aufgrund der vielen Termine musste ich das Projekt immer wieder verschieben und so blieb kaum Zeit für eine Fortbewegungsmaschine für den Wettbewerb auf dem Treffen. Ziel war es, eine möglichst unkonventionelle Antriebsart zu bauen. Es lief unter dem Namen "Maschinenrennen". An einem einzigen Samstag vorm dem Treffen musste ich also alles unter einen Hut bringen. Diesmal wollte ich natürlich mit dem Unimog vorfahren, auf seiner Pritsche gab es auch genug Platz für die benötigten Utensilien. Mittags musste ich noch unsere Tiere füttern. Dies machte ich jeden Samstag, wenn Dagmar im Hofladen war. In den letzten Wochen fiel mir diese Arbeit immer schwerer, am Liebsten hätte ich mich zwischendurch schlafen gelegt. Ob auch das an der Sommerhitze lag? Zu allem Unglück biss mich an diesem Tag auch noch eine Zecke. Das passiert auf unserem Hof öfter. Auch auf unseren langen Spaziergängen durch den nahe gelegenen Wald kam sowas immer wieder vor. Diesmal allerdings hatte ich es zu spät gemerkt und aus Versehen dem Tier, beim Kratzen an der juckenden Stelle, den Körper abgerissen. Es verblieb ein kleiner Rest in meinem Oberarm. Ich versuchte auch den Rest zu entfernen. Natürlich ist es nicht einfach mit dem linken Hand am rechten Arm rumzuhantieren. Später half Dagmar mir bei der Entfernung. Am Ende verblieb aber eine rote Stelle. Drei Tage später startete das Treffen. Mein Fahrzeug konnte ich nicht mehr fertig stellen, dafür wurde die Zeit zu knapp. Außerdem passte es nicht mehr auf den Unimog, der war inzwischen rappelvoll. Aber mir verblieb die Ehre, das Maschinenrennen zu kommentieren, was über eine große Lautsprecheranlage geschah. Das ich inzwischen nachts die Klamotten wechseln musste, weil ich so stark schwitzte, schloss ich nach wie vor auf die hochsommerliche Hitze. Insgesamt war es wieder ein grandioses Treffen mit vielen Diskussionen, Basteleien und Vorführungen. Nach diesen vier Tagen, an denen ich Dagmar zu Hause mit all der Arbeit allein gelassen hatte, entlud sich der viele Stress. Nach einem sehr emotionalem Gespräch beschlossen wir, dass es so nicht weiter gehen könne. Fortan werden wir mindestens den Gesang und die Musikschule fallen lassen. Auch die Landwirtschaft müssen wir eingrenzen, da für uns einfach keine Zeit mehr bleibt. Das Ganze hatte mich belastet, so dass die Sommergrippe wiederkehrte und ich schlagartig Fieber bekam.

Ich schleppte mich noch ein paar Tage zur Arbeit, danach hatte ich Urlaub. Dann kann ich in Ruhe auskurieren, sicherlich ist nach drei Tagen alles wieder gut. Auch war mir besonders wichtig, vor dem Urlaub noch mit dem neu erworbenen Elektrofahrrad zur Arbeit zu fahren. Dieses hatte ich mir nach einiger Suche gebraucht erworben. Bereits beim Kauf hatte ich Fieber und so fehlte mir auch am letzten Tag vor dem Urlaub die Kraft und Motivation, die 17 km mit dem Rad zu absolvieren. Auch nach Feiern war mir nicht mehr zumute. Freunde von uns hatten geheiratet und es gab eine schöne Feier, die auch noch in unserem Dorf stattfand. Dagmar und ich konnten mit dem Fahrrad in die nicht weit von unserem Hof entfernte Kneipe mit angeschlossenem Saal fahren. Eine schöne Feier im klassischen Stil der dörflichen Gemeinschaft. Leider sehr stark eingetrübt durch mein Befinden. Alkohol hatte ich gar nicht erst getrunken, das köstliche Mahl des gigantischen Buffets tastete ich ebenfalls nur wenig an, was mir sehr schwer fiel, da es wahrlich besonders lecker und einfallsreich war. Bereits vor Mitternacht waren wir wieder zu Hause.

Zwei weitere Wochen später hatte ich immer noch Fieber. Es schwanke stark, immer zwischen 37 und 39 Grad Celsius. Mein inzwischen konsultierter Hausarzt bemerkte, dass hier eine andere Ursache zum Tragen kommen musste, als eine harmlose Sommergrippe. So gab er mir Antibiotika, die eine milde Besserung brachten. Drei Tage später stieg das Fieber wieder an. Ich stellte mich erneut bei dem Hausarzt vor. Mein Hausarzt ist ein erfahrener Arzt, der sich kurz vor dem Ruhestand befand. Wenn er nicht weiter wusste, so kannte er mindestens einen Spezialisten für das jeweilige Gebiet. Er kontaktierte mehrfach den leitenden Oberarzt des nahe liegenden Krankenhauses. Auch er konnte sich keinen rechten Reim auf meine Blutwerte und mein Befinden machen.

Ich zählte also noch einmal alle Ereignisse auf und zum Schluss von der Zecke und dem Nachtschweiß. Auch hatte ich inzwischen 10 kg Gewicht verloren. Den genauen Verlauf konnte ich auch nicht mehr nachvollziehen, immerhin war ein Monat vergangen. Da kann man sich an Details nicht mehr erinnern. Sollte die Zecke etwa eine Borreliose ausgelöst haben? Ich bekam daher eine 2wöchige Antibiotikatherapie mit Doxycyclin in Tablettenform. Als nach einer Woche immer noch keine Besserung eintrat, schickte mich der Hausarzt umgehend in das örtliche Krankenhaus. Das Krankenhaus liegt Mitten in Brake, einer kleinen Stadt an der Weser. Über den gläsernen Eingang gelangt man in den modernen Vorraum. An der Rezeption wies man Dagmar und mich durch einen langen Gang aus abgenutzten Linoleum zu der Notaufnahme. Anders als im modernen Vorraum erkannte man hier das Alter des Krankenhauses. Nach einiger Wartezeit wurde ich in das Untersuchungszimmer gerufen. Ein junger Arzt nahm meine Daten auf. Er fragte mich nach vielen Details und untersuchte mich sehr genau. Dazu gehörten mehrere Blutabnahmen und eine genaue Ultraschalluntersuchung. Nach etwa einer Stunde überwies er mich zur weiteren, stationären Untersuchungen in eine andere Station. Zu meiner Verwunderung wurde ich in die Onkologie gebracht. Hier erschienen die Räume wiederum sehr modern. Ich bekam ein Bett in einem Dreibettzimmer. Die Wände waren in einem frischen Gelb gestrichen, es gab eine saubere, gepflegte Sanitäreinrichtung in jedem Zimmer. Die beiden anderen Bettnachbarn waren Kollegen, beide hatten Krebs im fortgeschrittenen Stadium. Die Schwestern sagten mir, in den anderen Stationen wäre alles belegt, deshalb war ich hier. Dies war, wie sich später herausstellte, aber eine Ausrede, die zu meiner Beruhigung dienen sollte.

Denn die Mischung aus Fieber, Nachtschweiß und Gewichtsverlust wird als B-Symptomatik definiert, die ein deutliches Anzeichen für Krebs sind. Schöner Schiet. Sicherlich ist es familiär begründet, schließlich sind viele meiner Angehörigen daran erkrankt. Es folgten eine Reihe Untersuchungen unter Vollnarkose und zusätzlich MRT, CT und wie sie alle heißen. Auch das Innere meines Körpers wurde bis ins Detail untersucht. Für die Untersuchungen unter Vollnarkose wurde in meinem Zugang, bestehend aus einer Nadel mit Absperrhahn in meinen Venen, eine weiße Flüssigkeit eingegeben. Es war jedes mal spannend, wenn man aus vollem Bewusstsein das selbige plötzlich verliert. Zusätzlich bekam ich Infusionen und weitere Blutabnahmen.

Dagmar besuchte mich jeden Tag im Krankenhaus. Sie hatte jetzt zusätzlich zur vielen Arbeit auch noch einen kranken Mann zu versorgen. Na toll. Sie nutze auch mein Elektrofahrrad um zu mir ins Krankenhaus zu kommen. Die Reichweite erwies sich dabei als zu klein, auf dem Rückweg schaltete die eingebaute Elektronik mit einem leisen "Klack" die zugeführte Leistung ab. Es ist natürlich so, dass genau dann der starke Wind der Nordsee von vorne bläst. Wenn Dagmar mich besuchte, machten wir kleine Spaziergänge zur nahe liegenden Weser, die hier von vielen großen Schiffen genutzt wird. Das Wetter war immer noch gut, doch mehr als 500 Meter ohne Pause vermochten meine Beine mich nicht mehr zu tragen. Insgesamt bekam ich wenig Besuch, weil ich mich nicht in der Lage dazu befand. Es war mir einfach zu viel. Mein Freund Wolfgang arbeitet direkt nebenan, und so kam er in seiner Mittagspause gerne kurz vorbei um ein kleines Pläuschchen zu halten. Auch er hat einige gesundheitliche Herausforderungen zu tragen, dass war mir so nie bewusst. Weiterer Besuch waren meine Pateneltern Uschi und Werner. Ich hatte die Beiden nicht informiert, um ihnen keine Sorgen zu machen. Für eine Untersuchung saß ich auf meinem Bett mitten im Flur im Schlafanzug und Bademantel vor den Fahrstühlen, als Uschi plötzlich vor mir auftauchte. Sie war zufällig im Krankenhaus und erschrak entsprechend, als sie mich hier in diesem erbärmlichen Zustand sah.

Nach ein paar Tagen bekam ich einen neuen Bettnachbarn. Er sprach nur wenig und auch nur Russisch. Mit meinen sehr wenigen russischen Worten begrüßte ich ihn und stellte mich vor. Dabei bemerkte ich nicht die Krankenschwester, welche gerade den Raum betrat. "Oh, Sie sprechen russisch?" fragte sie mich neugierig. "Nein, nur ein paar Worte" antwortete ich korrekt, denn es waren wirklich nur ein paar Phrasen, die ich von mir geben konnte. "Das klang aber gut" sagte sie, um dann das Gespräch in fließendem Russisch mit dem Bettnachbarn fortzuführen. Ab dann verzichtete ich auf weitere Gespräche in fremder Sprache, war ich doch recht knapp einer peinlichen Situation entkommen.

In dieser Zeit fing ich an wie wild das Internet zu durchsuchen. Hatte ich vorab alle Infos zur Borreliose durchsucht, so kam nun an Lesezeichen auch noch Darmkrebs, Magenkrebs, Lungenkrebs und Sonstiges hinzu. Es gibt leider nicht viele Krankheiten, die diese B-Symptomatik erzeugen. Bei der Suche im Internet gilt es zu recherchieren, nicht zu suchen. Ich hasse den Spruch "Man soll seine Symptome nicht im Internet suchen". Das ist natürlich nicht ganz korrekt, aber man muss die Reihenfolge beachten. Also: erst Symptome suchen und dann die daraus möglichen Krankheiten ansehen und vergleichen. Passt das Ergebnis zu meinem Befinden und insbesondere zu den Handlungen und Gesprächen des Arztes. Leider blieb bei mir wenig Auswahl übrig. Nachdem die meisten Krebsarten ausgeschlossen waren, blieben noch ein paar seltene Erkrankungen und Leukämie übrig. Seltene Sachen werden es wohl kaum sein. Irgendwelche Parasiten oder Krankheiten aus fernen Ländern würden dazu passen. Mir fiel Berlin wieder ein. Wenn da vorher ein Reisender etwas mitgebracht hatte? Der Flughafen und die Bahnanbindungen sind nicht weit und Berlin ist ein Drehkreuz für alle möglichen Erkrankungen. Ich ging den Berlinbesuch im Geiste noch mal genau durch. Und Leukämie? Ist das nicht noch unwahrscheinlicher? Laut Internet stellt man diese Diagnose mit einer so genannten Knochenmark-Stanze. Dazu wird ein hohler Metallbohrer unterhalb des Rückens durch das Fleisch in die Beckenknochen gebohrt und somit ein Stück des Beckenknochens entfernt. Leider passte dieser Interneteintrag zu den Handlungen des Arztes und so wurde ich einen Tag später zu genau einer solchen Untersuchung gerufen. Das klingt übrigens nicht nur schmerzhaft, es ist es auch. Es ist, als ob jemand in der Veranda mit dem Bohrhammer ein Loch eintreibt, man spürt und hört es auch noch im gegenüberliegenden Wohnzimmer. Man merkt die Bohrung im gesamten Körper. Zu diesem Zeitpunkt wusste ich noch nicht, das diese Untersuchung nicht die schmerzhafteste sein würde, die ich in diesem Jahr erfahren würde. Das Internet gibt bei dieser Krebsart auch eine andere Lebenserwartung als bei den anderen Krebsarten an.

Während man bei Darmkrebs durchaus noch ein paar Jährchen hat, sagt Wikipedia: unbehandelt nach wenigen Wochen bis Monaten lethal. Jetzt rechnete ich genauer. Traten die ersten Symptome nicht vor zwei Monaten auf? Dagmar und ich gingen unsere Lebensplanung erneut durch. Nachdem wir gerade unsere Aktivitäten verkürzt hatten, müssen wir wohl mehr über den Haufen werfen. Ich erzählte Dagmar nichts von dem Wikipediaeintrag. Uns war beiden klar, dass die Zukunft doof aussieht, da sind Details vorab zweitrangig. Früher hatte ich mal den Gedanken, dass man nie weiß, wie die eigene Beerdigung wohl sein wird. Jetzt kann ich mir scheinbar sogar die Blumengestecke aussuchen.

Am Tag meiner Entlassung bekam ich noch eine weitere CT-Untersuchung und das vorläufige Ergebnis der bisherigen Untersuchungen: kein Krebs. Wir weinten vor Freude. Keine Blumengestecke! Allerdings waren wir wieder am Anfang.
Auch mein Hausarzt wusste nicht weiter. Inzwischen kamen Atemprobleme dazu. Also schickte er mich zu einem Lungenspezialisten. Dieser wird sich in eine Reihe unfähiger Ärzte dazugesellen. Zwar hörte er mir genau zu, aber stellte mehrmals dieselben Fragen. Es gab scheinbar Verständigungsprobleme. Darauf hatte er eine klare Diagnose: "Raucherlunge". Zwar rauche ich seit 30 Jahren nicht mehr, aber das irritierte ihn nicht. Statt dessen überwies er mich zur Röntgenabteilung eines anderen örtlichen Krankenhauses. Ich war über diese Vorgehensweise verwundert. Schließlich wurde von meiner Lunge bereits eine hochwertige CT-Aufnahme gemacht. Der Röntgenarzt bestätigte meine Annahme. Mit kritischem Blick verglich er

Röntgen- und CT-Bild mit den Worten: "Die CT Ergebnisse werde ich mit der Röntgenaufnahme natürlich nicht rechts überholen". Die Raucherlunge war übrigens auch hinfällig.

Jetzt hatte ich eine Krankheit, zu der keine Krankheitsbeschreibung passte. Mein Zustand verschlechterte sich inzwischen weiter und weiter. Ich saß nur noch apathisch auf einem Sessel. Mehr als fünf Minuten stehen war nicht mehr möglich. Gehen war nur noch wenige Meter möglich, mir fehlte einfach die Kraft. Zudem fingen die Füße an zu kribbeln. Neben zusätzlichen Atemproblemen veränderte sich auch meine Stimme. Ich verlor immer mehr Gewicht, obgleich ich normal aß. Wir brauchten also eine zweite Meinung. Ich ging zu einem anderen Arzt. Ich kannte ihn von früher, hatte ihn als sehr guten Arzt in Erinnerung. Dort angekommen, schaute er meine Unterlagen sehr genau an. Er hörte mir genau zu. Und stellte fest, dass er mir partout nicht helfen konnte. Allerdings gab er mir die Adresse des Zentrums für seltene Erkrankungen in Hannover. Da ich selbst langsam mit dem Reden und Schreiben Schwierigkeiten hatte, übernahm Dagmar die Kontaktaufnahme. Dies funktionierte nur über Email und wenigen Sprechzeiten, so dass sich die Kommunikation lange hinzog.

Kapitel drei - Bremerhaven

Meine Symptome wurden immer stärker. Auch die Hände kribbelten jetzt und wurden taub. Mein Reden wurde unverständlich, es kamen Wortverwechslungen und Wortfindungsstörungen hinzu. Ich brachte keine ganzen Sätze mehr fehlerfrei heraus. Ich wirkte verwirrt und geistesabwesend. Meine Hände zitterten, so dass es mir schwer fiel, ein Glas Wasser einzuschenken. Wenn ich mit dem Fuß in meine Latschen schlüpfen wollte, so veranlasste ein plötzlicher Impuls meinen Fuß dazu, neben dem Schuh zu landen. Plötzliche, unkontrollierte Muskelbewegungen gingen durch den ganzen Körper. Alle Bewegungen des täglichen Lebens waren nicht mehr möglich. Ich begann mit Ersatzhandlungen für normale Tätigkeiten, zum Beispiel hielt ich die Wasserflasche mit zwei Händen, um das Zittern zu verringern. Trotzdem habe ich beim Einschenken des Wassers in ein Glas einen Teil verschüttet. Atmen fiel ebenfalls immer schwerer. So als würde ein Ziegelstein auf meiner Brust liegen. Ein bedrückendes Gefühle, wie eingeschnürt, was zu einer dauernden Angst vor dem Ersticken führte. Meine Kopfhaut schmerzte bei Berührung, ein wandernder Schmerz ging von Körperstelle zu Körperstelle. Nicht stark, aber soweit, dass es die Bewegungen einschränkte. Jede Handlung tat weh und wurde gut überlegt. Der Tinnitus war wieder stärker und laute Geräusche schmerzten stark.

Jeder Geschirrklappern oder Staubsaugergeräusch taten weh. Beim Zähneputzen wurde der Brechreiz immer stärker. Auch meine Füße und Beine begannen zu kribbeln, Ameisenlaufen bis hoch zu den Knien. Der Leistungsverlust machte mich so schwach, dass nicht nur kleine Spaziergänge unmöglich waren, selbst der Gang durchs Haus oder das Stehen auf einer Stelle, waren kaum möglich. Selber war ich nicht wirklich in der Lage diese Probleme zu bewerten. Ich wollte sogar wieder zur Arbeit gehen. Inzwischen war ich über 6 Wochen krank geschrieben, und die Krankenkasse übernahm die Lohnfortzahlung. Mir selber war die Lage erst klar, als mein Kollege mich anrief, um mir gute Besserung zu wünschen. Während des Telefonats brach ich zusammen, weil ich selbst feststellte, das aus meinem Mund nur noch wirres Gerede kam. Die Worte passten nicht mehr zusammen. Dagmar konnte meine Lage besser einschätzen und fing an zu telefonieren. Mein Hausarzt hatte die Situation falsch eingeschätzt und ging zuerst nicht auf Dagmar ein. Doch sie kämpfte wie ein bissiger Hund, ich habe sie nie so hart erlebt. Sie telefonierte den ganzen Tag, mit harten Worten. Schließlich brachte sie meinen Hausarzt dazu, mir eine Überweisung in das nächste größere Krankenhaus zu schreiben. Die Diagnose dazu lautete "Verdacht auf Borrelliose".

Es war wohl Schicksal, dass direkt nach dem "Go" von dem Arzt zufälligerweise mein Nachbar vor dem Hofladen stand. Er hatte von meinen gesundheitlichen

Problemen ein wenig mitbekommen und frage, ob er helfen kann. Er brachte mich sofort in das Krankenhaus. Mit seinem Auto fuhren wir zusammen durch den Wesertunnel nach Bremerhaven. Er trug meine Koffer und begleitete mich hinein. In der Notfallambulanz brach ich erneut quasi grundlos weinend zusammen. Mein Nachbar gab der Ärztin meine Daten und übergab mich in ihre Hände. Die Ärztin führte mich in einen Untersuchungsraum, in dem ein Krankenbett und eine metallisch glänzende Anrichte standen. Ich wurde genau untersucht, aber anders als zuvor. Eine junge Neurologin machte insbesondere Tests, die meine kognitiven Fähigkeiten aufzeigen sollten. Jetzt sah auch ich, wie es um mich stand. Meine Füße spürten keine Temperaturunterschiede mehr. Ich konnte nicht mehr einen Schritt vor den anderen setzen. Der Test nennt sich Seiltänzergang. Es folgten der Rhombergstehversuch und andere. Meine Muskeln wurden mit dem Hammer abgeklopft. Meine Augenbewegungen wurden kontrolliert. Alles war nicht, wie es sich gehörte. Und jetzt kam die Nervenwasseruntersuchung, auch Liquorentnahme genannt. Es ist erstaunlich, welche Schmerzen ein Nadelstich erzeugen kann, wenn er zwischen zwei Rückenwirbeln eingetrieben wird. Das blöde an der Sache: die Ärztin schaffte es einfach nicht, an das Nervenwasser heranzukommen. Und so vergingen etliche Minuten quälenden Schmerzes, bis sie aufgab.

Sie rief daraufhin einen erfahrenen Kollegen dazu, der die Entnahme erneut probierte. Zwar gelang es, aber der brüllende Schmerz war genau so stark. Als ich dann wimmernd auf der Bahre lag, zeigte sie ihm noch, wie stark ich auf die Hammerschläge meiner Muskeln reagiert, was er mit Erstaunen aufnahm. Meine Nachfrage dazu quittierte sie mit "Nein, nein, alles gut". Mein Vertrauen in meine Zukunft schwand langsam.

In der Station angekommen, musste ich erstmal wegen der Nervenwasseruntersuchung still liegen bleiben. Anders als im vorherigen Krankenhaus waren die Schwestern alles andere als nett. Eine gewisse Gereiztheit lag in der Luft. Ein Grund dafür könnte die Chefärztin sein. Ihr Tonfall wirkte wie aus einer Mischung aus Unsicherheit und Wut. Sie sagte mir in kurzen und knappen Sätzen, dass ich erstmal Infusionen gegen Bakterien und Viren bekomme, bis die Ergebnisse aus den Blutuntersuchungen eingetroffen sind. Am Montag folgen dann weitere Untersuchungen. Ich werde also eine Zeit lang hier sein. Das Zimmer war sehr altertümlich und wirkte wie aus der Zeit gerissen. Die Tapeten waren abgenutzt und vergilbt. Die Einrichtungsgegenstände waren ebenfalls wie aus einer alten Jugendherberge. Der braune Fußboden war zeitlebens nicht schön und gab dem düsteren Raum zusätzlich eine grausige Atmosphäre. Immerhin hatte ich einen Fensterplatz. Vor dem Fenster war noch ein Tisch mit Stühlen. Daran setzte sich der Besuch des Zimmernachbarn und diskutierte. Nicht sehr laut, aber inzwischen war ich so geräuschempfindlich, dass mir jede Unterhaltung Stress zufügte. Es gab für dieses Dreibettzimmer nur eine Toilette, die man sich mittels zwei gegenüberliegenden Türen mit einem weiteren Dreibettzimmer teilen musste. Wenn man eintrat, so musste man die Tür zum eigenen und zum anderen Zimmer verriegeln. Mancher Zeitgenosse aus dem anderen Zimmer vergaß das Entriegeln, und wir konnten dann nicht auf die Toilette, bis der nächste Toilettengast der anderen Seite wieder aufschloss. Ich nutzte dann statt dessen die Toilette auf dem Gang. Sie wirkte ebenfalls weder modern noch sauber. Ein abgebrochener Fingernagel lag auf dem Boden und ich vermutete bereits jetzt korrekt, dass er auch in zwei Wochen noch dort liegen würde. Jeden Tag konnte ich nun verfolgen, wohin er Tag für Tag wanderte. Eine Dusche gab es nicht auf dem Zimmer. Nur eine Dusche auf dem Gang, für die gesamte Station.

Kurz nach meiner Ankunft kam ein weiterer Zimmernachbar dazu. Auch er kam, wie ich, mit der Diagnose Borreliose in das Krankenhaus, hatte aber viel leichtere Symptome. Eigentlich hatte er sogar nur Schmerzen im Nacken. Seine Hauptsorge war vorab eine andere. Er telefonierte wie wild, um ein Zweibettzimmer zu organisieren. Scheinbar gab es gegen einen Aufpreis diese Möglichkeit, um in den Komfort einer eigenen Dusche und WC zu bekommen.

Ich hatte an dieser Stelle jedoch andere Herausforderungen als ein hübsches Zimmer.

Am Montag gab es wieder eine Visite durch die Chefärztin. Ich fragte nach den Untersuchungen, die sie ja am Freitag angekündigt hat. Barsch fragte sie: " Was den für Untersuchungen?". Ich verwies auf ihre Ankündigung vom Freitag, was sie sofort verneinte. "Was soll den bitteschön noch untersucht werden", harschte sie mich an. Ich nahm an, dass ich mich vielleicht verhört oder geirrt hatte, schließlich war ich geistig nicht sonderlich auf der Höhe. Das war ja auch der Grund, warum ich hier war. Eine Stunde später kam die Schwester, um mich doch zu den Untersuchungen zu bringen. Okay, das fühlte sich seltsam an. Es wurden in den nächsten zwei Untersuchungen Strom gemessen: bei der ersten Untersuchung wurde dazu ein Strom quer durch den Körper geschickt und gemessen. Bei der zweiten Untersuchung bekam ich eine Mütze in Form eines Netzes auf den Kopf gespannt, wie in den Science-Fiction Filmen aus den 70ern. Im Laufe der nächsten zwei Wochen musste ich zusätzlich noch diverse Male in verschiedene Röhren. Ich konnte mir nie merken, ob es nun CT oder MRT ist. Nach ein paar Tagen wurden die Symptome besser. Das Kribbeln und Zittern in den Händen war plötzlich weg, das Reden ging besser. Auch die ersten Ergebnisse der Untersuchungen kamen an. Es waren insbesondere keine Ergebnisse, es wurden nämlich weder Viren noch Bakterien oder Borrelien gefunden. Aus diesem Grund wurden auch die Infusionen gestoppt. Das wurde mir allerdings nur auf Nachfragen von den Schwestern mitgeteilt. Nach ein paar Tagen kam das Kribbeln in den Händen wieder. Durch meine Internetrecherche weiß ich, dass man Borrelien bei manchen Patienten gar nicht nachweisen kann, obwohl sie infiziert sind. Nun erschien es mir logisch, dass bei mir wohl doch eine Borreliose vorlag. Schließlich haben die Antibiotika erst gewirkt und nach dem Absetzen kamen die Symptome wieder. Auch meine geistige Leistung ebbte ab, das Reden fiel mir wieder schwerer. Ich hatte daher die Gespräche mit der Ärztin und dem Stationsarzt aufgenommen und Dagmar gesendet. Sie analysierte dann das Gesprochene und gab die Ergebnisse auch an das Zentrum für seltene Erkrankungen weiter. Dagmar ermutigte mich, alles was mir auffällt den Schwestern zu erzählen. Mir erschien das nicht sinnvoll, denn die Schwestern hier sahen einen eher als Störfaktor und ich hatte nicht das Gefühl, dass mein Befinden sinnvoll zur Diagnose beitragen würde. So bekam ich einen rötlichen Hautausschlag, der bei Borreliose auf die so genannte Herxheimer Reaktion hinweisen könnte. Ich bekam dafür aber nur eine Salbe, weiter fand es keine Beachtung.

Das Essen war, wie auch alles andere hier, sehr schlecht. Mehrere Bettnachbarn holten sich selber Brötchen vom Bäcker. Leider war dieser im Erdgeschoss und der Fahrstuhl besaß keine

Sitzmöglichkeit. Da mir sowohl das Gehen als auch das Stehen kaum mehr möglich war, war für mich die Nutzung der Fahrstühle damit ausgeschlossen. Von den Treppen mal ganz abgesehen, denn das wäre gar nicht mehr möglich gewesen.

Ich versuchte der Ärztin mein Anliegen mit der Borreliose nahe zu bringen. Aus ihrer Sicht war das Zittern in meinen Händen jetzt plötzlich psychosomatisch. Noch vor meinem Einspruch war sie wieder weg. Immer seltsamer kam uns ihre Diagnose vor. Dagmar suchte jetzt telefonischen Kontakt, was leider ebenso erfolglos blieb. Einen weiteren Versuch unternahm ich noch bezüglich der Borreliose. Schließlich war es das Robert Koch Institut, welches sagt, dass Patienten ohne Erregernachweis trotzdem die Borreliose haben können. Aber die Ärztin lies sich nicht beirren. "Da ist nichts. Nix, Nüscht, Nada. Nicht mal ein Fitzelchen einer Borrelie". Dem Stationsarzt versuchten wir sogar noch einmal, unsere Meinung kundzutun. Aber unsere Meinung interessierte ihn gar nicht. Er war sehr überheblich und meinte, er hätte eigentlich keine Zeit für uns, schließlich müsse er andere Patienten retten, statt mit uns zu reden. Wir vergeuden seine Zeit. Es sei eine Gehirnentzündung, Enzephalitis genannt. Selbst der vorab zugesagte vorläufiger Arztbrief wurde uns verwehrt. Ich entliess mich also selbst, was die Ärzte und auch die Ärztin mir sehr übel nahmen. Man merkte, dass sie sich persönlich angegriffen fühlten obgleich ich immer auf eine sachliche Diskussion achtete. Freunde holten mich ab und fuhren mich zurück nach Hause.

Dagmar lies nicht locker. Mein Zustand war sehr schlecht und sie machte sich wirklich große Sorgen. Jetzt kam auch noch eine Wesensveränderung dazu. Ich bekam eine Depression. Auch spontanes Weinen war ein neues Symptom. Ausgelöst durch Stress oder Emotionen heulte ich ungewollt los. Inzwischen kamen noch nervöse Attacken hinzu, so bemerkte Dagmar mein starkes Zähneklappern. In der Zeit habe ich durch die Zahnbewegungen etliche Plomben verloren.

Inzwischen trudelten etliche Briefe, Genesungswünsche und Geschenke für mich ein. Durch die Wesensveränderung heulte ich bei jedem einzelnen Brief. Jede Art von Emotionen konnte ich nicht mehr verarbeiten. Da ich wusste, dass es an der Krankheit lag, versuchte ich dagegen zu steuern. Bei jedem Anfall hob ich den Finger, holte tief Luft und versuchte zu sprechen. Dadurch gelang es mir, eine Konversation so weit wie möglich aufrecht zu erhalten. Allerdings sprach ich nur noch mit Dagmar, mit anderen oder gar Fremden war Reden gar nicht mehr möglich.

Einige Telefonate und Arztbesuche später hatte Dagmar herausgefunden, wie sie mich in die Uniklinik in Hannover bekommt. Es war wirklich nicht einfach, denn erst wenn man dort in der Notaufnahme angekommen ist, erfährt man, ob überhaupt ein Bett frei ist.

Kapitel vier - Hannover

Mein Bekannter fuhr mich nach Hannover. Eben der Bekannte, den wir fest eingestellt haben, um das neue Haus umzubauen. Auf der knapp zweistündigen Fahrt nach Hannover gingen wir die nächsten Arbeiten durch, soweit es mir möglich war. Er ist bezügliche seiner Kenntnisse, breit aufgestellt, und so kann er neben dem Einziehen von Fußbodenbalken und Anbringen von Isolierungen auch den Trecker reparieren und aus einem alten Miststreuer ein Hühnermobil bauen. In Hannover angekommen ging es zuerst zur Notaufnahme, wo ich meine Unterlagen abgab. Es folgte eine Untersuchung, bei der Blut abgenommen und Blutdruck gemessen wurde. Dann sagte mir die junge Dame, dass leider kein Bett frei war. Ich konnte nicht mehr und brach weinend zusammen. Mein Bekannter informierte Dagmar, welche wiederum mit Hilfe des Zentrums für seltene Erkrankungen und der Professorin aus der Neurologie einen Platz für mich fand. Nach etlichen Stunden endlich wurde ich in der Neurologie aufgenommen. Aufgrund des großen Gebäudes bekam ich einen Krankentransport zugewiesen. Ein junger Mann mit einem seltsamen Rollstuhl holte mich ab. Das Gefährt erinnerte ein wenig an einen Gartenstuhl mit Rollen. Es verging noch etwas Zeit, bis "mein Zimmer fertig war". Es klang wie in einem Hotel und im Gegensatz zu Bremerhaven war es das auch. Die Stationsärztin setzte sich zu mir an einen Tisch und ging die weitere Vorgehensweise durch. Alles war sauber und hell, ich bekam ein Zweibettzimmer mit Dusche und Toilette. Am nächste Tag gab es die erste Visite. Die zuständige Professorin war leider ebenfalls sehr streng, ich konnte aber bei den Schwestern die fehlenden Informationen erfahren. Als erste Untersuchung stand eine erneute Nervenwasserentnahme an. Mir wurde Angst und Bange. Immerhin war dies doch das schmerzhafteste Prozedere meines Lebens. Ich erwähnte meine Angst und bekam sogar Verständnis. Mir wurde eine entsprechende Behandlung, inklusive schmerzreduzierender Tablette, zugesichert. Zur Entnahme musste ich mich auf das Bett setzen und einen Buckel machen. Es gab zuerst einen kleinen Stich. "Das war es", sagte die Ärztin. Sie hatte tatsächlich ganz ohne Schmerzen die Untersuchung vorgenommen. "Wollen Sie mich verarschen", entfuhr es mir ungefiltert, da ich so perplex war. So kann eine Nervenwasserentnahme also auch funktionieren. Weiter folgte das selbe Programm wie vorher. Infusionen gegen Bakterien und Viren, bis die Ergebnisse vorlagen. Auch hier wurde nach ein paar Tagen die Infusionen gestoppt. Auch hier hatte ich eine Zeit lang einen Ausschlag, den ich aber diesmal nicht erwähnte.

Ebenfalls folgten Untersuchungen wie EEG und MRT. Zum Vergleich wurden die Daten der MRT-Untersuchung aus Bremerhaven benötigt. Und das natürlich zeitnah. Die dortige Datenverarbeitung ist sehr modern eingerichtet, sie können die vorherigen Daten in das hiesige System einbringen und durch den Vergleich mit den neuen Daten die Veränderungen erkennen. Das Moderne hört leider an der Datenübertragung auf. Es wird eine CD benötigt. Bei einer CD handelt es sich um eine runde, silbrige Scheibe, wie sie früher für Musik und Daten verwendet wurde. Ein Internet scheint es noch nicht zu geben. Also muss Dagmar per Fernkurier jemanden die CD erst abholen und nach Hannover bringen lassen. Ein Vorgang, der so wunderbar gar nicht funktionierte, weil die Mitarbeiter in Bremerhaven sich auch in diesen Belangen sehr schwer taten. Sie schicken den Kurier einfach wieder weg. Nach einigem Hin und Her klappte es dann. Zu den Untersuchungen wurde ich wieder durch einen Transporteur auf einem fahrbaren Gartenstuhl gebracht. Nach einer Zeit kennt man ein paar Fahrer und klönt ein wenig mit ihnen. Gerne frage ich, wie lange sie gebraucht haben, um sich hier aus zu kennen. Die meisten berichten mindestens von einer mehrwöchigen Einarbeitungszeit. Wenn man den Aufbau hier verstanden hat, geht es. Aber es ist hier teilweise doch sehr verwinkelt. Es gibt Knotenpunkte und Gänge, deren Bezeichnungen nicht zwingend logisch erscheinen. Zu den Untersuchungen hier gehört auch wieder das stromgeführte EEG. Hier punktet Bremerhaven deutlich mit einer netten Ärztin. In Hannover hingegen scheint die Ärztin wie frisch verärgert. Kein Lächeln huscht über ihr Gesicht. Ihren Ärger lässt sie scheinbar auch an den Patienten aus. Sie rammt die feinen Nadeln emotionsgeladen in meine Schädeldecke. In Bremerhaven kann ich mich nicht an Blutflecke erinnern. Die Stromstärke ist hier wesentlich stärker. Ein kräftige Strom dringt in die Schläfe, was sich an der Austrittsstelle in den Füßen durch einen beißenden Schmerz bemerkbar macht. Automatisch zucken die unteren Extremitäten, worüber sie sich mit noch böserer Miene verärgert beschwert. "Man solle doch stillhalten", bölkt sie mich an. Interessanter gestaltet sich die PET-CT. Wieder mit dem Fahrdienst dort hingebracht, kam ich in ein extrem futuristisches Labor. Es wirkte deutlich steriler als die anderen Labore, obgleich sie ja bereits steril waren. Dieses wirkte zudem auch aufgeräumter, keine Kanten waren an dem Möbeln ersichtlich. Wohl um jegliche Angriffsfläche für Verschmutzungen zu vermeiden. Die möglichen Verschmutzungen waren radioaktiv, denn in der PET-CT werden Positronen-Emissions-Tomographie und die Computertomographie kombiniert. Man bekommt ein radioaktives Mittel gespritzt, welches sich im Körper verteilt und gemessen wird. Ich setzte mich also auf den Stuhl, der mit seinen orangefarbenen Glasseitenwänden mich eher an einen Kommandosessel eines Raumschiffes erinnert, als an einen Laborstuhl. Zwar war ich noch nicht in einem Raumschiff, aber eben auch noch nicht in einem solchen Labor. Die Ärztin spritzte mir das Mittel und ich begab mich in einen Ruheraum, denn das Mittel muss sich etwa 20 Minuten lang in meinem Körper verteilen. Die eigentliche Untersuchung in der Röhre dauerte ebenfalls etwa 20 Minuten, danach fuhr mich der Fahrdienst wieder zurück in mein Zimmer.

Inzwischen hatte ich einen neuen Zimmernachbarn. Er kam aus Indien und versuchte mich oft zu überreden, mich mit Yoga und Meditation zu beschäftigen. Allerdings wollte er mich dieses nicht lehren, das könne er nicht, und es würde auch zu lange dauern. So verließ er das Krankenhaus auch schon nach zwei Tagen. Der nächste Zimmerkollege hat eine Krankheit, welche die Muskeln immer weiter schwinden lässt. Es begann, als er 20 Jahre als war. Inzwischen ist er 40 Jahre alt und kann kaum noch eine Tasse halten. So benötigte er immer zwei Hände, um sich die Tasse an den Mund zu führen. Und irgendwie bekam ich als Zimmernachbarn immer wieder so schlimme Fälle. Der Darauf folgende hatte die selbe Krankheit, war aber bereits querschnittsgelähmt. Und der Zimmernachbar danach wiederum hatte einen Hirntumor im Endstadion. Er sprach nur englisch, wurde in der Nacht eingeliefert und von seinem Vater begleitet. Als sein Vater gegangen war, inspizierte er zuerst die Balkontür. Da wir im 7. Stock waren, tat er dies mit eindeutiger Absicht. Zum Glück war die Tür verschraubt. Er tat mir sehr leid, er war noch keine 30 Jahre alt. Ich erzählte der Schwester von seinen Versuchen, sie machte jedoch den Eindruck, als wüsste sie bereits davon. Sie entschuldigte sich sogar bei mir für diese Situation, was mir sehr unangenehm war.

Erst nach der PET-CT bekam ich für einige Tage täglich eine Infusion mit Cortison. Dies durfte nicht vorher geschehen, um das Ergebnis der PET-CT zu verfälschen. Als Ergebnis bekam ich folgende Mitteilung: Zum einen habe ich einen Herd in der Schilddrüse, zum anderen sind "die Knochen aktiv". Jetzt ergaben mein meine Schilddrüsen-Laborwerte auch plötzlich einen Sinn. Es wurde damit auch weitere mögliche Krebsarten ausgeschlossen. Auch hier wurde jetzt eine autoimmune Enzephalitis diagnostiziert. Die Borreliose war damit final vom Tisch. Die Enzephalitis ist eine Gehirnentzündung und wird von Bakterien oder Viren ausgelöst. Bei mir allerdings musste es eine autoimmune Ursache haben. Genaueres müsste man noch herausfinden. Wieder begann ich mich über das Internet zu informieren. Zu dieser Krankheit gibt es deutlich mehr Informationen. Sogar ein Film über ein Mädchen aus den USA, "Feuer im Kopf". Auch eine Dokumentation vom ARD hatte ich gefunden. Allerdings passten die Symptome so gar nicht. Dass die Schilddrüse das Ganze ausgelöst hatte, schon eher. Ich fand die Thereoditis de Quervain, eine Schilddrüsenerkrankung, die sich über Monate hinziehen kann. Oder die Hashimoto-Erkrankung, die eben auch eine Enzepahlitis auslösen kann. So fügte sich das zumindest ein wenig zusammen. Ich machte eine Liste mit meinen Symptomen, in denen ich die

Hashimoto-, de Quervain-, und Enzephalitis-Symptome nebeneinander stellte. Es passte nicht wirklich zusammen, aber ergab deutlich mehr Sinn und Zusammenhang als die Krankheiten, die ich vorher angeblich gehabt haben sollte. Ich speicherte alle neu gefunden Links zu meiner Krankheit und löschte alles über Krebs und andere Autoimmunkrankheiten, die bisher mein Leiden besser abbildeten. Die Links zur Borreliose beließ ich aber in meiner Favoritenliste, ohne dies selber begründen zu können. Das Cortison begann zu wirken. Eine sehr nette Schwester hörte sich meine Sorgen an und besorgte mir einen Rollator. Dadurch konnte ich endlich die Station verlassen. Ich machte Spaziergänge in den Hof und sogar um die große Mensa, es war ein großer Schritt für mich. Es ging mir jeden Tag ein wenig besser. Nach knapp zwei Wochen Aufenthalt haben meine Pateneltern mich wieder abgeholt. Ich hinterließ den Schwestern meinen Teddy und etwas Geld, worüber sie auch sehr freuten. Der Teddy bekam einen extra Platz im Schwesternzimmer.

Wieder zu Hause startete meine Genesung, wenn auch nur sehr langsam. Die darauf folgenden Tage nutzten Dagmar und ich, um wieder ein wenig geistig auf die Beine zu kommen. Insbesondere konnte ich wieder stehen und etwas längere Spaziergänge machen. "Bis zum Baum" entlang eines kleinen landwirtschaftlichen Weges sind wir gegangen, etwa 500 Meter weit weg. Für mich ein weiter Weg, aber schön, ihn wieder gehen zu können. Mein Kopf wurde auch klarer. Wenn Dagmar im Hofladen war, habe ich mich vor der Werkstatt in die Sonne gesetzt. Manchmal ging ich ein paar Schritte unsere Straße entlang.

Jan hatte in der Zwischenzeit ein Hühnermobil gebaut. Dazu wurde unser alter Miststreuer abgewrackt und darauf wurde ein Stall aus Holz gebaut. Ich hätte gerne dabei geholfen, aber das ließen meine Kräfte einfach noch nicht zu. Auch ein paar andere Arbeiten am neuen Haus gingen weiter, so kamen neue Fußbodenbalken in die Räume, in denen wir den zusammen gesackten Betonfußboden herausgerissen hatten.

Dagmar und ich überlegten noch einmal, wie die Zukunft jetzt aussehen würde. Wir beschlossen nach einigem Hin und Her, den neuen Hof wieder zu verkaufen. Bis er fertig sein würde, sind wir in Rente. Da lohnt sich die ganze Arbeit nicht. Ergo würden wir nur noch die groben Restarbeiten am Hof beenden, um keine halben Gewerke zu hinterlassen. Als letzte Arbeiten waren also Aufräumarbeiten angesagt. Jan räumte zusammen mit unserem anderen Mitarbeiter Jochen alles an Werkzeug und anderen Sachen zusammen und brachten sie in unzähligen Touren zu uns zurück. Obwohl wir dort noch gar nicht wohnten, hat sich einiges angesammelt. Uns vom neuen Hof zu verabschieden fiel anfangs schwer. Es hingen schon viele Emotionen dran. Auch die Lage mit dem Blick zum Deich, der Aussicht auf das Dorf, der sonnendurchflutete Wohnbereich und die große Diele, würden wir vermissen. Wir kontaktierten einen Makler, um das neue Anwesen zu verkaufen.

Da ich wieder fast normal reden konnte, traute ich mich auch wieder in das soziale Umfeld. Ich telefonierte mit Freunden, Kollegen, Mitarbeitern und Nachbarn. Alle hatten sich sehr viel Sorgen um mich gemacht. Ich war wahnsinnig gerührt über die sehr große Anteilnahme. Das hat mich sehr aufgebaut und mir geholfen.

Weiter ging es auch aus medizinischer Sicht. Mein Hausarzt überwies mich zu einem Spezialisten zur Untersuchung meiner Schilddrüse. Dagmar fuhr mich dahin, denn ich konnte noch nicht alleine Auto fahren. Die Praxis war lichtdurchflutet und frisch renoviert, alles machte einen guten Eindruck. Der Arzt hingegen war sehr speziell. Nachdem wir ihm meine Geschichte erzählten, untersuchte er meine Schilddrüse mittels Ultraschall. Schilddrüsenüberfunktion, kommt von der CT Untersuchung, kommentierte er mit knappen Worten seine Diagnose. Kein de Quervain, Hashimoto oder Ähnliches. Keine Verbindung mit meiner Krankheit. Kann das stimmen? Fast unfreundlich verwies er uns zu einem Schilddrüsenspezialisten, er sei schließlich kein Facharzt für so etwas. Irgendwie waren wir wieder am Anfang. Was die Enzephalitis ausgelöst hat, war wieder unklar.

Meinem Freund fiel jetzt übrigens auf, dass meine Pupillen unterschiedlich groß waren. Fortan nutzen wir diese Erkenntnis als Indikator meiner Genesung.

Nach etwa 3 Wochen bekam ich einen Rückschlag. Ich merkte, wie es mir wieder schlechter ging. Mein Hausarzt telefonierte daher mit dem Krankenhaus in Hannover und nach 3 weiteren Tagen mit Cortison ging es wieder besser. Es war nicht gut aber ich war soweit stabil. Ob ich je wieder arbeiten würde? Das war mir nicht klar. Aber ich werde überleben. Dieses Wissen fühlt sich gut an.

Kapitel fünf - Hannover 2

Nach 5 Wochen musste ich noch einmal zur Kontrolle nach Hannover. Es würde nur ein kurzes Intermezzo, so dachten wir. Noch ahnten wir nicht, wie falsch wir liegen würden. In Hannover angekommen ging das gleiche Spiel los wie vorher: Der Kampf um ein freies Bett. Obgleich wir einen Termin hatten und vorher extra angerufen hatten, war nicht klar, ob jetzt ein Bett frei sei. Es hat aber geklappt und ich wurde aufgenommen. Während Dagmar wieder nach Hause fuhr, wurde ich nach meinem Genesungsfortschritt befragt. Und mir war klar, dass es wieder eine Nervenwasserentnahme geben würde. Und sie folgte am nächsten Tag. Diesmal leider von einem recht jungen, unerfahrenen Arzt. Ich setzte mich also wieder mit einem Katzenbuckel auf die Krankenliege und er startete seinen Versuch, mir die Nadel in den Rücken zu applizieren. Es tat extrem weh. Immer wieder berührte er meine Nerven, meine Beine zuckten elektrisiert. Nach einigen Minuten brach ich hab. Es ging einfach nicht mehr. Der ganze Körper schmerzte und ich war fix und fertig. Die Stationsärztin bestand aber auf den Test und so wurde ich am anderen Tag mit meinem Bett zu einem Spezialisten geschoben. Man kann die Entnahme auch unter Röntgen machen. Der Arzt probierte aber zuerst die manuelle Entnahme, was auch tatsächlich klappte. Trotzdem war es wieder sehr schmerzhaft. Ich wurde wieder in den Vorraum geschoben und erlebte die erste stärkere Wirkung der Enzephalitis: eine Halluzination. Die fest in Beton eingemauerte Lampe über mir bewegte sich plötzlich. Es war nur eine kurze Halluzination, erschrak mich aber doch etwas. Vielleicht durch den Eingriff, vielleicht durch die emotionale Belastung, auf jeden Fall ging es mir jetzt deutlich schlechter als zuvor. Trotzdem versuchte ich, regelmäßig Spaziergänge zu machen. Ich bekam auch wieder Kortison. Am nächsten Tag mussten sowohl mein Bettnachbar Frank, als auch ich, zur EEG. Ich erinnerte mich an die vorherige Untersuchung mit der unfreundlichen Ärztin. Ob die mich wieder behandeln würde? Zuerst mussten wir dort hinkommen. Die Schwester gab uns die Wegbeschreibung und ein Schnellhefter mit unseren Krankenakten darin mit. Die Wegbeschreibung war abenteuerlich und der Weg dorthin glich einer Expedition. Frank beichtete mir später nach der Behandlung, dass er den Weg alleine nicht gefunden hätte. Ich freute mich über diese Aussage, denn ich hatte ja noch keine Ahnung, wie weit mein Gehirn beeinträchtigt sein würde. Auch beschwerte er sich über die Dame beim EEG, die auch diesmal wieder zur Höchstform auflief und sowohl die Kopfnadeln, als auch den Strom mit schmerzender Kraft wirken lies. Aufgrund meiner Depression rieten mir die Ärzte zu einem Gespräch mit dem Psychiater, was ich gerne annahm. Leider war er sehr jung und unerfahren. Er begann sein Therapiegespräch in unserem

Doppelzimmer, in dem mein Bettnachbar gerade nach dem Duschen nackt hereinkam und in diesem Zustand neben uns herumwirbelte. Ich unterbrach meinen Redefluss nach seiner Frage zu meinem Befinden und fragte nach einem gesonderten Raum. Statt einer Antwort auf meine Frage nickte er mir weiter zu, als hätte ich weiter von meinem Zustand gesprochen. Er hörte mir also gar nicht zu. Er organisierte nach einigem Zögern dann doch einen Raum, aber ein Vertrauensverhältnis konnte er natürlich nicht mehr aufbauen. Ein weiterer Psychologe lud mich und später auch meinen Bettnachbar zu einem Test ein. Dabei ging es darum, an einem Bildschirm Farben, Formen und Worte zu erkennen. Der schwerste Teil bestand aus Farbwörtern, die Textfarbe war nicht in der gleichen Farben wie das Wort. Hier hatte ich Defizite. Frank gab an dieser Stelle bereits komplett auf.

Nach einigen Tagen kam ein neuer Bettnachbar. Sehr kräftig und konnte wegen seines Schlaganfalles nicht sprechen. Dafür hörte er laut Volksmusik. Ich konnte ihn zum Glück davon überzeugen die Lautstärke zu reduzieren. Er schaltete das Gerät dann zum Glück ganz ab. Da wir in einem Zweibettzimmer waren und er nicht reden konnte, war ich quasi isoliert. Zum Glück besuchte mich mein Freund Boris, der in der Nähe wohnte. Ich hatte erst später festgestellt, dass er tatsächlich eine sehr weite Anreise auf sich genommen hatte. Seine Besuche taten mir sehr gut. Man vereinsamt doch sehr. Die Ärzte wollten mich gerne über die Weihnachtsfeiertage da behalten. Da ich bereits jetzt unter der Einsamkeit mit meinem sprachlosen Zimmernachbar litt, und auch Dagmar bereits so lange alleine war, wollten wir dies unbedingt vermeiden. Schließlich litt unsere emotionale Gesundheit bereits sehr, hatten wir doch inzwischen wirklich viel durchgemacht. Ich klärte daher, ob und wie ich nach Hause könne. Die Ärzte waren nicht glücklich, willigten aber ein. Die Ergebnisse der Untersuchungen trudelten auch nur langsam ein, und nur zum Warten brauchte ich dort nicht übernachten. Am Tag vor Heiligabend holte mich Dagmar ab. Vorher musste ich noch einmal zum MRT. Ich merkte, dass mein Tinnitus wieder stärker wurde. Aber nicht schlimm. Bestimmt von der Aufregung, wieder nach Hause zu kommen.

Dagmar fuhr uns nach Hause. Wir freuten uns sehr auf die Zeit, die jetzt folgen würde. Dagmar machte den Hofladen zu, und wir planten viele Spaziergänge, um wieder in die Spur zu kommen. Am nächsten Tag bereits brummte mein Schädel. Als würde ich meinen Kopf gegen das Dieselaggrgat der Weserfähre bei voller Fahrt halten. Wir zögerten noch eine Weile, sicherlich bessert sich das bald wieder. Wir machten uns so weit wie möglich einen schönen Tag, schließlich ist Weihnachten. Ich legte mich ins Bett und Dagmar saß auf dem neu erworbenen Sitzsack. Im Schlafzimmer haben wir auch unseren Fernseher. Nachdem wir jahrelang gar kein TV Gerät besaßen, haben wir uns vor einem Jahr endlich ein solches Gerät zugelegt. Einschließlich Netflix, und somit genossen wir den Weihnachtstag mit der Serie "Atypical". Auch den Film "Feuer im Kopf" schauten wir uns an. Hierin geht es um ein Mädchen mit einer Gehirnentzündung, die ähnliches erlebte wie ich gerade. Bei ihr liefen die Symptome jedoch anders, insbesondere schneller ab.

Später am Abend wurde das Brummen im Kopf immer schlimmer. Meine Atembeschwerden wurden ebenfalls stärker. Ich fing an, aktiv atmen und bekam die Angst zu ersticken, wenn ich nicht ans Atmen denken werde. Ein paar mal vergaß ich dann auch tatsächlich zu atmen. Dazu entwickelte sich eine Depression, die mir eine Todesangst bereitete. Dagmar bemerkte meine Angst und fragte mich mehrfach, ob sie mich zurückfahren solle. Als ich zustimmte, stöhnte sie erleichtert auf. Sie erkannte meinen Zustand und machte sich starke Sorgen. Sofort packte sie meine Koffer, legte mich auf die Rücksitzbank und fuhr mich nach Hannover. Dort angekommen ging es direkt zur Notaufnahme, in der Hoffnung, dort auch aufgenommen zu werden. Es war leider nicht möglich, direkt wieder in mein vorheriges Zimmer zu gelangen, sondern vorab musste ich erneut untersucht werden. Wir haben etwa zwei Stunden gewartet. Bereits nach einer Stunde war ich zu schwach zum sitzen und fragte nach einer Liege, die mir der Notarzt auch gewährte. Obgleich es Weihnachten war, trudelten etliche Notfälle neben mir ein. Nach einiger Zeit wurde ich in ein Behandlungszimmer gerufen. Auch hier mussten wir noch warten, bis schließlich ein Arzt mich untersuchte. Aufgrund meiner Symptome hatte man einen Neurologen gerufen, welche sich viel Zeit für mich nahm. Er wusste mich zu beruhigen, denn ich war total am Boden, immer wieder unterbrachen unkontrollierbare Weinkrämpfe meinen Redefluss. Ich erzählte noch einmal meinen gesamten Krankheitsverlauf, insbesondere die Sache mit den Borrelien. Er war sich sicher, dass dieses auch bei mir untersucht wurde, schrieb aber trotzdem eine Notiz in meine Krankenakte. Auf der Bahre liegend wurde ich dann von einem jungen Transporteur in die Station gefahren. Er unterhielt sich mit uns, und seine Stimme vermischte sich in besonderer Weise mit meinem immer noch starken Kopfgeräuschen. Dadurch klang seine Sprache blechern. Ich sagte zu Dagmar:"Er spricht mit einer Roboterstimme", damit sie sich seine Stimmlage anhören und mir sagen konnte, ob sie ihn normal hörte. Ich hatte damit gerechnet, dass er häufig Patienten mit komischen Aussagen trifft, insbesondere in der Neurologie sind häufiger spezielle Patienten zugegen. Dagmar sagte mir später, dass er wohl sehr erschrocken und verängstigt auf meine Aussage reagiert habe.

In der Station der Neurologie angekommen, mussten wir ebenfalls wieder warten, da der gesamte Papierkram erneut ausgefüllt werden muss. Dagmar ist gegen 2 Uhr nach Hause gefahren. Ich kam dann mit meinem dröhnenden Kopf in das selbe Zimmer wie einen Tag zuvor. Der Bettnachbar war der gleiche. Da er alleine war, hatte er sein Radio laut gestellt, während er selber schlief. Ich bat die Krankenschwester sein Radio auszuschalten, was sie auch tat. Zu meinem brummenden Kopf tat jedes zusätzliche Geräusch weh und schlafen war sowieso ein für mich schwieriges Unterfangen. Für den Bettnachbar leider auch, und so starte er nach kurzer Zeit ein nächtliches Programm, was aus regelmäßigen Aufstehen bestand. Etwa alle 15 Minuten stand er lautstark auf und startete zu einem Spaziergang, womit ein Einschlafen für mich unmöglich wurde. Ich wies ihn drauf hin, dass das für mich ein Problem ist. "Nichts darf ich, auch Radio hören hast Du mir verboten" erwiderte er wie ein kleines Kind. Ich beschwichtigte, dass er natürlich Radio hören durfte, dass kann und will ich ihm doch gar nicht verbieten. Fortan hörte er den ganzen Tag Radio. Das wäre weiter nicht schlimm, wäre es nicht wieder der grausame Volksmusik--Radiosender. Die nächtlichen Spaziergänge blieben leider auch. An seiner kindlichen Reaktion merkte ich, dass er neben seinen Schlaganfall wohl auch schon vorher Herausforderungen hatte. Später fand ich heraus, dass er gewisse geistige Behinderungen hatte. Somit hatte ich die folgende Zeit keinen Gesprächspartner. Mir war zwar sowieso nicht sonderlich zum Reden zumute, aber ganz ohne Konversation ist es doch einsam.

An den nächsten beiden Tagen war aufgrund der Feiertage kaum jemand anderes zu sehen. Nur die Schwestern betraten kurz das Zimmer, um Blutdruck zu messen oder Essen zu bringen. Ich versuchte ein wenig, dem Zimmernachbar das Sprechen wieder beizubringen. Anfangs wurde es etwas besser, aber er scheint weniger gesprächig als ich. Zwischendurch bekam er Besuch, es schien sich um seine Betreuerin und einen Freund zu handeln. Viele Worte bekamen auch sie nicht aus ihm heraus. Nach den Feiertagen gab es wieder eine Visite mit der Oberärztin, die mir Pregabalin gegen Nervenschmerzen verordnete. Langsam ging es mir wieder besser. Auch konnte ich wieder besser laufen und machte kleine Spaziergänge. Leider hatte ich in der eiligen Abfahrt meinen Gürtel zu Hause vergessen, so dass ich während des Gehens immer meine Hose halten musste. Aufgrund der Feiertage hatten die Geschäfte in der Einkaufsmeile geschlossen. Ich überlegte, einen Infusionsschlauch zu nutzen, aber die Schwestern hatten sie gleich wieder weggeräumt. Ein passendes Kabel konnte ich auch nirgends finden. Zum Glück hatte mein Schwager Axel seinen Besuch angekündigt und so konnte er mir leihweise einen Gürtel mitbringen. Auf seinem Besuch haben wir einen sehr langen Spaziergang über das Gelände gemacht. In den nächsten Tagen ging es mir immer besser und auch mein Freund Boris besuchte mich des Öfteren. Das freute mich sehr. Er ist ebenfalls Techniker und so konnten wir uns viel und lange über historische Computer, Strahlenkanonen und Sport für Nerds unterhalten. Auch konnte er mich beruhigen, nachdem die Ärztin von einer Gehirnbiopsie sprach. Bisher taten die Untersuchungen maximal stark weh, aber sie hinterließen keine bleibenden Schäden. Aber ein Loch im Schädel war nun gar nicht meine Sache. Schlussendlich entfiel diese Untersuchung zum Glück. Die junge Ärztin, die zur Visite erschien, fragte mich nach Zahnschmerzen. Ich fiel aus allen Wolken. Natürlich, Zähne. Am Tag nach dem Treffen hatte ich Zahnschmerzen, die zu Zahnbluten führten. Ich war sogar vor 2 Monaten bei meinem Zahnarzt, der meine Bedenken aber nicht teilte. Sollte eine stille Entzündung all dies verursacht haben? Die Ärztin sagte, sie wisse nicht, ob die Oberärztin hinter dieser Diagnose stehe. Tags darauf kam Dagmar und zusammen mit der Ärztin besprachen wir die nächsten Schritte. Es waren noch immer nicht alle Ergebnisse da, aber insgesamt gab es eine gute Diagnose. Mein Gehirn war nicht betroffen und sie deutete an, dass alles wieder gut wird. Nach dem Wochenende komme ich zum Zahnarzt und ein weiteres MRT die Gehirnbiopsie war komplett vom Tisch. Ob ich jemals wieder arbeiten können werde blieb offen, aber ich werde nicht sterben. Und es wird sich wohl auch nicht verschlimmern. Damit kann ich leben. Mein Leben fühlte sich auf einmal wieder gut an. Ich werde bald entlassen. Dagmar fuhr wieder nach Hause und ich verblieb mit dem stummen Bettnachbarn in Hannover.

Abends kam die Ärztin noch einmal herein. Sie stellte sich vor mir auf, so dass klar war, das es große Neuigkeiten gibt. Ihre Nachricht überraschte mich tatsächlich: im Makrolabor wurden Borrelien gefunden. Ich war Baff. Ich habe eine Neuroborreliose. Mein Hausarzt hatte also von vornherein Recht. Die Ärzte in Bremerhaven haben komplett versagt? Ich hätte schon längst gesund sein können? Ich kann wieder komplett gesund werden? Plötzlich änderte sich alles! Die Ärztin legte mir sofort einen Zugang und ich bekam die erste Infusion mit 2 Gramm Ceftriaxon. Ich fragte, ob ich die folgenden 14 Tage der Infusionen beim Hausarzt machen lassen könne, zu dem sie zustimmte. Das solle sicherlich gehen. Ich versuchte sofort Dagmar von dieser tollen Nachricht zu erzählen, war voller Glück. Leider konnte ich Dagmar nicht erreichen. Ich war voller Aufregung und musste diese Neuigkeiten unbedingt jemanden mitteilen. Ich versuchte sogar, den stummen Bettnachbarn davon zu erzählen, schließlich hatte ich ihm in den letzten Tagen auch immer versucht, Mut zu machen. Allerdings kam von ihm nur ein leichtes Nicken. "Freu Dich doch mal für mich" fuhr ich ihn an. Er versuchte krampfhaft seine Mundwinkel zu einem Lächeln zu bewegen, doch der Versuch endete in einer Grimasse. Ich schrieb mit dem Handy allen Freunden und Verwandten von dieser Nachricht. Und nach einiger Zeit trudelten dann Glückwünsche zur wahrscheinlichen Genesung ein. Später erreichte ich endlich Dagmar, und wir sprachen lange über die neue, gewonnene Zukunft. Die nahe Zukunft war vorab hingegen unklar. Ich muss jetzt 2 Wochen lang jeden Tag eine Infusion bekommen. Erstens wusste ich aus diversen Foren, dass bei so langer Krankheitsdauer das Antibiotika besser 3 Wochen lang gegeben werden soll. Und vor allem möchte ich extrem ungern 3 Wochen 200 km entfernt von zu Hause im Krankenhaus liegen, nur um 15 Minuten am Tag die Infusionen zu bekommen. Ich war nun 3 Wochen am Stück hier, und das allein ist schon sehr unangenehm. Keine sozialen Kontakte, keine Möglichkeit für einen gemeinsamen Spaziergang, gar nichts. Ich würde eingehen. Ich muss also organisieren, dass ich die Infusionen beim Hausarzt bekomme kann. Aber wie funktioniert das am Wochenende? Wonach muss ich im Internet suchen? Ich sprach sofort die Krankenschwester an, die allerdings leicht genervt war. "Besprechen Sie das am Montag mit dem Arzt" sagte Sie. Nun wusste ich, dass ich den Arzt am Montag nur 5 Minuten sehen werde, und wenn ich ihn dann nicht überreden kann, ist er wieder weg. Und dann bin ich mindestens noch über Silvester hier. Die folgenden Jahresendfeiertage liegen nämlich so, dass ich meinen Hausarzt erst in 5 Tagen erreichen kann. Zusätzlich ist der alte Hausarzt vor 5 Tagen in den Ruhestand gegangen. Mit Pech bin ich dann noch über eine Woche hier. Ich muss dem Stationsarzt also einen wasserdichten Plan vorzeigen können. Ich fragte die Krankenschwester also nochmal, worauf die noch genervter als vorher reagierte. Aber sie sagte dabei das Wort "Ambulant". Mir fehlten ja immer noch Worte durch die so genannten Wortfindungsschwierigkeiten meiner Krankheit, und eben dieses Wort fehlte mir für eine erfolgreiche Internetsuche. Dort fand ich auch die Lösung in Form der Notfallpraxen. Mir war nie bewusst, wie die Wochenendversorgung von Kranken funktioniert, bisher benötigte ich so etwas ja auch noch nie. Und dass die Telefonnummer 116117 dafür geeignet ist. Trotzdem brauchte es noch einige Telefonate, um herauszufinden, an wen ich mich denn wenden muss und wie ich an die Antibiotika komme. Denn dieses muss man selber mitbringen. Mein Hausarzt hat ja noch zu, und so muss ich die ersten Flaschen von hier aus dem Krankenhaus mitbekommen. Da ich die Telefonate aus Hannover führte, konnte ich nicht mit der korrekten Notfallpraxis verbunden werden. Denn dazu wird die Telefonnummer oder der jeweilige Handystandort automatisch verwendet. Aber zumindest hatte ich einen Plan.

Am Montag war dann wieder Visite. Der Stationsarzt kam mit seiner Gefolgschaft herein und erörterte mir noch einmal die Diagnose und wie schwer sie zu finden war. Ich äußerte dafür Verständnis und sagte, dass sie in Bremerhaven bereits Schwierigkeiten hatten die Borreliose zu finden. Plötzlich versteinerten seine Gesichtszüge. Hatte er ein schlechtes Gewissen? Später schloss ich daraus, dass sie die Borreliose tatsächlich übersehen hatten und erst durch das Gespräch mit dem Notarzt zu Weihnachten, brachte es den Stein wieder ins Rollen. Ich fragte natürlich gleich auch nach einer 3-wöchigen statt zweiwöchigen Antibiotikagabe, der er anstandslos zustimmte. Schwieriger war er zur ambulanten Infusion zu überreden. Erst als ich ihm glaubhaft davon überzeugen konnte, dass ich die nahtlose und zeitgleiche Infusionsgabe sicherstellen kann, erlaubte er mir nach etwas Verhandlung, übermorgen nach Hause zu gehen. Es lief also so, wie ich es mir gedacht hatte, ohne konkreten Plan hätte ich noch weitere Wochen im Krankenhaus bleiben müssen. Ich sprach mit dem Arzt noch ein wenig über den Verlauf meiner Krankheit und liess dabei nicht die Probleme der Fehldiagnose in Bremerhaven aus. Dabei bemerkte ich seine eigenartige Reaktion. Seine Mundwinkel gingen abwärts, so als ob ich ein unangenehmes Thema angesprochen hätte. Ich weiß bis heute nicht, ob er sich für die Kollegen schämte oder ob er sich angesprochen fühlte, weil in Hannover ebenfalls lange keine richtige Diagnose gefunden wurde.

Einen Tag später gab es eine letzte Infusion, ein letztes Frühstück und ein letztes Mal Warten auf den Arztbrief. Dieses Mal musste ich auch noch auf die Medikamente für die nächsten beiden Infusionen warten. Als Dagmar mich abgeholte waren meine Koffer bereits gepackt. Für den Arzt und die Schwestern hatten wir wie jedes mal ein Geschenk mitgebracht, für die Schwestern bestand es zumeist aus etwas Bargeld. Ein letztes Mal ging es zum Fahrstuhl, den Fahrstuhl herunter und den langen Gang an den Geschäften entlang zurück durch den Haupteingang. Dagmar trug meine Koffer über den Parkplatz zum Auto und in freudigem Sonnenschein fuhren wir den zweistündigen Weg über die Autobahn zurück nach Hause. Der Weg über die Autobahn war besonders. Die Straßen waren leer und wir konnten unsere Glück noch immer kaum fassen. Erstmals ist eine Heilung in Sicht.

Kapitel sechs - Zu Hause

Endlich zu Hause bemerkte ich wieder unterschiedliche Gerüche, die vorher plötzlich weg waren. Ich fragte mich, wie schnell die Genesung nun voranschreiten würde. Es war Silvester und anders als alle Silvester zuvor, gab es keinerlei Besonderheiten: kein Fondue, kein Raclette, keine Freunde eingeladen. Wir haben ein wenig ferngesehen und sind dann früh ins Bett gegangen. Und das war das schönste Geschenk, was wir zum Jahreswechsel bekommen konnten.

Am nächsten Tag wurde es dann spannend. Auf Twitter wurde viel über die Notaufnahmen der Krankenhäuser nach der Silvesternacht geschrieben. Übervolle Wartezimmer, noch betrunkene und schwer verletzte Patienten. Wir riefen die 116117 an und bekamen dort unsere zuständige Notfallpraxis in dem Krankenhaus in Brake zugewiesen. Nach einer 20 minütigen Fahrt sind wir dort angekommen. Die Realität war sehr angenehm. Keine Betrunkenen oder Menschen mit abgesprengten Körperteilen. Nur ein Pärchen war vor uns. Die Arzthelferin klärte uns über den weiteren Verlauf auf. Die zuständige Notfallpraxis ist wohnortabhängig, daher war die Braker Praxis zuständig. Ich bekam meine dritte Infusion. Tags drauf ging es zum Hausarzt. Auch dort lief es gut. Mein bisheriger Hausarzt ging in den Ruhestand, ein neuer, junger Arzt hat zum Glück die Praxis übernommen. Er besorgte das Antibiotikum für die nächsten 2 Wochen.

Nach einer Woche traute mir Dagmar zu selber zu fahren und ich brachte jeden Tag Brötchen vom Bäcker mit. Und es ging mir jeden Tag ein klitzekleines bisschen besser. Ich bekam Physiotherapie und Ergotherapie. Wir machten kleine Spaziergänge, die immer etwas länger wurden.

Mein Freund Arndt besuchte mich nach ein paar Tagen. Schon an der Haustür strahlte er. Anscheinend war mein Zustand sichtbar besser. Erst hier erzählte er mir, dass er im Dezember dachte, er würde mich nie wieder sehen. Das hat mich sehr berührt.

Jeden Tag zeigte ich Dagmar meine etwas weniger zitternde Hand. Mein Gewicht pendelte sich auf ein gesundes Maß ein. Und nach und nach fand die Genesung statt. Mein Hausarzt und die Arzthelferin halfen mir sehr. Sie versorgten mich und besorgten mir Termine für Fachärzte. Meine Schilddrüse war ja immer noch nicht in Ordnung und ein Neurologe gab mir sehr gute Tipps für die Zukunft. Er sagte: "Früher in ihrem Leben bekamen nur Leute weit weg schwere Krankheiten oder überlebten einen Flugzeugabsturz. Nun gehören auch Sie dazu. Das wird Ihr Leben immer in zwei Teile schneiden, eines vor und eines nach der Krankheit". Diese Worte haben mir sehr geholfen. Mit einer schweren Krankheit wird man fortan vorsichtiger durch das Leben gehen. Mehr Zeit und Muße finden für alltägliche Dinge.

Im März begann ich mit der Wiedereingliederung. Dieser langsame Einstieg war sehr hilfreich. Der erste Tag war sehr emotional, es war eine große Freude, all meine Kollegen wieder zu treffen. Mein Chef hat mich sogar in den Arm genommen. Bis heute habe ich eine sehr leichte Konzentrationsschwäche, taube Füße und einen leichten Tinnitus. Meine Arbeitszeit konnte ich Dank meines sehr tollen Chefs reduzieren. Zu erwähnen ist noch ein weiterer Kollege, der mich auf meine glasigen Augen vor ein paar Jahren hinwies. Ich erklärte es mit einem Zeckenbiss in meiner Kniekehle. Dann fiel es mir wieder ein. In dem Jahr hatte ich auch eine Wundrose, die mein Arzt damals mit Antibiotika behandelte. Etwa drei Wochen war ich damals krank. Ich hatte die Wundrose fotografiert und zu Hause angekommen durchsuchte ich sofort meine Bilder. Es war wohl eine Wanderröte, keine Wundrose. Welche dann nicht mit den entsprechenden Antibiotika behandelt wurden. Zumindest ist das meine Vermutung und beste Erklärung.

Die noch offene Schilddrüsenuntersuchung musste ich hingegen verschieben, da aufgrund der beginnenden Corona-Pandemie Arztbesuche vermieden werden sollten.

An diese Stelle danke ich meiner lieben Frau für ihre Aufopferung und Liebe. Ich wünsche allen ebenfalls Betroffenen eine gute Besserung.

Nachtrag

Sehr viele Menschen in Deutschland leiden an Borreliose. Ein paar habe ich kennengelernt. Aber ich kenne niemanden, der wieder vollkommen gesund geworden ist. Ich selber habe unheimlich viel Glück gehabt, dass sagt sogar mein Arzt. Neuroborreliose ist eine seltene Erkrankung und sie ist sehr leicht mit anderen Krankheiten zu verwechseln. Bis heute kann ich nicht mit Sicherheit sagen, welche Zecke verantwortlich dafür war. Warum das Cortison geholfen hat weiß ich nicht. Grundsätzlich ist Cortison bei Borreliose kontraproduktiv, aber es half mir auf die Beine. Vielleicht hatte ich sogenannte Co-Infektionen, also weitere durch die Zecke übertragene Krankheiten.

Ich hätte bereits in Bremerhaven geheilt werden können. Sowohl die Verbesserung durch die Antibiotika, die entstandene Herxheimer Reaktion, als auch die Symptome deuteten sehr gut auf eine Neuroborreliose. Generell gibt es viele Meinungen zur Borreliose. Manche Ärzte sagen, dass sie sehr leicht heilbar ist. Ich kenne jedoch keinen Fall. Es gibt ein sehr bekanntes Forum im Internet über Borreliose. Auch dort sind kaum gesunde Patienten zu finden. Angeblich melden sich Geheilte nicht mehr. Meiner Meinung nach gilt das aber auf für die anderen Fälle: wer von einem Arzt nicht geheilt wird, sucht sich einen anderen und bricht den Kontakt zu dem vorherigen ab. Ich habe mich dagegen entschieden und ganz bewusst sowohl bei meinen Ärzten als auch in den Foren als gesund gemeldet. Bei den Ärzten habe ich mich für die Hilfe bedankt. In Bremerhaven hingegen habe ich mich durchaus kritisch geäußert. Aus Brake habe ich sowohl vom Chefarzt als auch von der leitenden Ärztin der Onkologie eine sehr nette Rückantwort bekommen. Aus Bremerhaven kam erwartungsgemäß gar nichts zurück. Es sei hier noch zu erwähnen, dass die Chefärztin und auch der Stationsarzt scheinbar nicht mehr dort angestellt sind. Ich fand bereits zuvor eine Stellenanzeige im Internet, die auf personelle Änderungen in der Station hinwiesen.

Noch immer bin ich nicht vollends gesund und ob ich jemals wieder ganz gesund werde ist nicht klar. Noch immer habe ich einen leichten Tinnitus und schmerzende Füße. Aber damit kann ich leben. Es ist eine neues Leben. Das Haus und der Unimog sind verkauft und mit meiner Frau genieße ich jede freie Stunde.

An dieser Stelle möchte ich noch einen großen Dank an meine Frau ausrichten, ohne die ich das ganze nicht durchgestanden hätte.

Weiterhin ein großes Danke an alle Freunde und Bekannte für Ihre Hilfe und Wünsche.

Ein paar Bilder vom alten Hof und weitere Infos gibt es unter unter www.labor2b.de

FSC

www.fsc.org

MIX

Papier aus ver-
antwortungsvollen
Quellen

Paper from
responsible sources

FSC® C105338